J. M. J.

LA VIERGE
DE BOLLEZEELE

Invoquée sous le titre de

NOTRE-DAME DE LA VISITATION,

CÉLÈBRE PAR SES MIRACLES ET VÉNÉRÉE DE TEMPS IMMÉMORIAL DANS L'ÉGLISE PAROISSIALE DE BOLLEZEELE ;

Commune du département du Nord.

PAR M.***

LILLE.

L. LEFORT, IMPRIMEUR - LIBRAIRE,

RUE ESQUERMOISE, 55.

1846.

Imprimatur. Camb. 9 Juin 1846.

BERNARD, *Vic. gén.*

NOTICE DE L'ÉDITEUR.

(1.ᵉʳ *Jour.*) Le pélerinage de Notre-Dame de la Visitation, à Bollezeele, compte déjà plusieurs siècles d'existence, son origine ne nous est pas précisément connue, comme il arrive d'ordinaire aux antiques sanctuaires de Marie. Les quelques faits cependant, que l'histoire et la tradition nous ont conservés, peuvent nous servir de guides pour voir avec quelle tendresse et quelle bienveillance la sainte Vierge s'est plu à exaucer les vœux et les prières des pieux pélerins qui sont venus lui offrir leurs hommages.

Dans le laps de temps, divers incidents et surtout les guerres survenues dans le pays ont suspendu quelque temps et même notablement diminué la dévotion des peuples. Mais n'est-ce pas aux dignes enfants de parents autrefois si favorisés de la Reine du ciel, qu'il appartient de rendre à ce béni sanctuaire son ancienne splendeur. Tout nous y invite, et la découverte de précieux manuscrits, dont nous donnons ici la traduction simple et fidèle, et la bienveillance que Mgr. GIRAUD, Archevêque de Cambrai, a témoignée pour ce pélerinage, en permettant d'exposer à la vénération publique, comme monuments authentiques, les dons offerts autrefois à l'autel de Notre-Dame par la princesse Isabelle-Claire-Eugénie, infante d'Espagne, et surtout les précieuses indulgences dont Sa Sainteté Grégoire XVI a récemment enrichi la fête de la Visitation avec son octave, et qui ajoutent un nouveau témoignage à l'estime que ses prédécesseurs, en la chaire de St.-Pierre, ont montrée pour l'auguste sanctuaire de la Vierge de Bollezeele.

Il paraîtra peut-être superflu, après ces marques éclatantes d'assentiment de la part des premiers Pasteurs de l'Eglise, de justifier cette dévotion; mais qui ne sait que, de nos jours, l'esprit d'incrédulité et l'ignorance des choses de la religion, autrefois réservées aux grandes cités, ont généralement pénétré dans nos campagnes, et qu'il est quelquefois nécessaire de rappeler à la mémoire les règles les plus communes de la doctrine de l'Eglise sur ce qui concerne le culte divin. Nous croyons donc à propos, dans ce but, de reproduire ici textuellement les réflexions d'un auteur, dont la mémoire est en vénération universelle dans notre Flandre, tant par l'éclat de ses vertus, que par son érudition profonde, M. Détrez, ancien aumônier de la maison centrale de détention à Loos, dans son opuscule sur la dévotion à N.-D. de Grâce, qui se trouvent à la tête d'un ouvrage intitulé : *Histoire de N.-D. de la Treille, auguste et miraculeuse patronne de Lille.*

« Il est bon [1] de définir ce que nous entendons par pélerinage. Le pélerinage, proprement dit, est un voyage entrepris par dévotion, soit pour se pénétrer plus vivement de quelque mystère de la religion, soit pour honorer plus spécialement Dieu, ou quelqu'un des bienheureux, dans les endroits où le Seigneur a coutume d'accorder aux fidèles, ou directement, ou par l'intercession des Saints, certaines grâces particulières. *Dieu est en effet partout*, dit saint Augustin, *et il ne peut être contenu ni renfermé dans aucun espace, lui qui a créé toutes choses; et les vrais adorateurs doivent l'adorer en esprit et en vérité, afin que, comme il nous exauce dans le secret, il nous justifie aussi et nous couronne dans le secret. Mais quant aux choses que les hommes connaissent, parce qu'ils les voient de leurs yeux, qui peut approfondir les desseins de Dieu et expliquer pourquoi il se fait des miracles dans certains endroits, tandis qu'il ne s'en fait point dans d'autres ?.... Car, de même que, selon le dire de l'Apôtre, tous les Saints n'ont pas la grâce des guérisons* (1 Cor. xii. ⅴ. 30.), *et que tous n'ont pas non plus le discernement des esprits, de même celui qui distribue ses dons à chacun, ainsi qu'il lui plaît, n'a pas voulu que ces miracles se fissent dans tous les oratoires où les Saints sont honorés.* Epître 78.ᵉ de St. Aug. au clergé, aux vieillards

[1] Ces paroles sont de M. Détrez, ancien Aumônier de la maison centrale de détention à Loos, dans son opuscule sur la dévotion à N.-D. de Grâce.

et à tout le peuple d'Hippone. Aussi l'Eglise a-t-elle condamné comme téméraire, pernicieuse, injurieuse à la pieuse coutume reçue partout dans l'Eglise, et même à l'ordre de la divine Providence, la doctrine et l'ordonnance du synode de Pistoie, qui généralement rejette tout culte spécial, que les fidèles sont dans l'usage de rendre à quelqu'image en particulier, en ayant recours à cette image plutôt qu'à une autre, pour s'exciter à la piété et obtenir des grâces du Seigneur.

» Il n'est donc pas toujours indifférent pour le but qu'on se propose, comme se le persuadent faussement beaucoup de chrétiens, il n'est donc pas toujours indifférent, disons-nous, de prier dans une église ou dans une autre, d'honorer spécialement tel ou tel crucifix, telle ou telle image ou statue de la très-sainte Vierge ou des Saints. Dieu est le maître de ses dons, et il peut les attacher à telle condition, à tel lieu, à tel instrument qu'il lui plaît. Nous ne devons pas scruter ses desseins. Voilà ce que nous répondrons avec saint Augustin aux esprits curieux qui nous demanderaient des éclaircissements plus amples que ceux que nous avons reçus nous-mêmes de l'Eglise, qui est seule la colonne et l'inébranlable appui de la vérité.

(2.ᵉ *Jour.*) » Nous répéterons ici avec cette Eglise assemblée dans le saint concile de Trente, que nous sommes loin de croire *qu'il y ait dans les images de Jésus-Christ, de la très-sainte Vierge, Mère de Dieu, et des autres Saints, aucune divinité ou vertu pour laquelle on les doive révérer; ni qu'il soit permis* de leur demander aucune grâce et d'attacher sa confiance à ces images en elles-mêmes, comme faisaient autrefois les gentils ou païens, qui plaçaient leur espérance dans leurs idoles. Mais que notre foi se borne à penser que ces saintes images doivent être reçues et conservées principalement dans nos temples, et qu'il faut leur rendre l'honneur et la vénération qui leur sont dus, en sorte, cependant, que tout cet honneur se rapporte aux originaux qu'elles représentent; et que, par le moyen des images que nous baisons, et devant lesquelles nous nous découvrons la tête, et nous nous mettons à genoux, nous adorions Jésus-Christ, et honorions la sainte Vierge ou les autres Saints dont elles sont la ressemblance; et que ceux qui prétendent que c'est en vain que l'on fréquente, pour implorer leur secours, les oratoires ou les temples érigés en mémoire ou en l'honneur de la très-sainte Vierge et des Saints, doivent être condamnés, comme les a condamnés depuis longtemps, dans le second concile général de Nicée, et les condamne encore aujourd'hui la sainte Église.

» On peut voir, si l'on veut, cette doctrine très-bien développée par Bossuet dans son exposition de la doctrine catholique, ART. 5.

» Rien n'empêche cependant que l'on n'appelle *miraculeuses* certaines images de Jésus-Christ, de la très-sainte Vierge ou des autres Saints, à cause des guérisons surnaturelles ou d'autres prodiges qu'il a plu à Dieu d'opérer en faveur de ceux qui implorent l'assistance divine, ou sollicitent l'intercession de la très-sainte Vierge ou des Saints, devant l'une ou l'autre de ces images, ou même en promettant ou désirant seulement de les honorer.

» C'est donc dans ce sens et pour cette raison que nous qualifierons désormais de miraculeuse la statue maintenant honorée sous le titre de N.-D. de Grâce. »

Il est clair, pour tout esprit juste, que les principes lumineux posés ci-dessus, en faveur du culte de N.-D. de Grâce, s'appliquent de la même manière au culte de N.-D. de la Visitation.

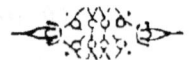

A LA PLUS GRANDE GLOIRE DE DIEU
ET A L'HONNEUR DE LA S.ᵀᴱ VIERGE.

(3.ᶜ *Jour*). D'après le témoignage de Meyer dans son histoire de la Flandre, et celui de Mallebranche dans celle des Morins, l'on compte déjà plus de deux cents ans [1], depuis que l'auguste Mère de Dieu s'est rendue célèbre par l'éclat de ses miracles dans une paroisse située au territoire de Cassel, appelée Bollezeele. L'on y solennise, tous les ans avec octave, la fête de la Visitation de cette bienheureuse Vierge, et il s'y fait alors un si grand concours de peuple que l'on y a vu jusqu'à dix mille communiants dans le cours d'une seule neuvaine.

Aussi le Saint-Siége a-t-il accordé différentes indulgences plénières en faveur de tous ceux qui visiteraient la chapelle de la sainte Vierge à la fête de la Visitation. Cette dévotion continua de fleurir jusqu'à l'année 1694. Cette grande affluence de fidèles diminua plus tard, à cause de la guerre survenue dans le pays. Voici quelques traits que nous allons citer, qui confirmeront ce que l'on vient de dire en faveur de ce sanctuaire.

Une tradition constante rapporte comme des faits authentiques et dignes de foi, 1.° que la peste ayant envahi toute la Flandre l'an 1510, y causa une mor-

[1] Ceci écrit en 1694. Donc maintenant près de quatre siècles.

talité générale. Les habitants de Bollezeele, et ceux des villages qui l'avoisinent, s'empressèrent de recourir à la divine Vierge, et furent totalement délivrés de ce fléau. C'est en témoignage de gratitude pour ce signalé bienfait, que l'on voit tous les ans venir processionnellement, pour rendre leurs hommages à l'auguste Vierge, plusieurs paroisses environnantes, nommément Zegers-Cappel, Rubrouck, Merkeghem, Volkerinchove, Eringhem, Ledringhem et Arnick [1].

2.° Qu'en l'année 1512, la même épidémie causa de si effroyables ravages dans la ville de Bergues-Saint-Winoc, qu'elle se trouva réduite à rien. Le mal ayant également sévi dans la maison des RR. Pères Dominicains, y fit comme ailleurs un très-grand nombre de victimes. Ceux-là seulement échappèrent au malheur commun qui mirent toute leur confiance dans la Vierge de Bollezeele, que l'éclat de ses miracles rendait de jour en jour plus célèbre. Ils promirent d'aller tous les ans en pèlerinage à son sanctuaire, s'ils avaient le bonheur de n'être point atteints de la peste; et c'est par suite de ce vœu que les Religieux de ce couvent viennent annuellement à Bollezeele chanter en grande pompe une messe solennelle, accompagnée d'un discours à la gloire de la sainte Vierge.

(4.ᵉ *Jour.*) 3.° On cite un grand nombre d'aveugles, de boiteux et d'autres personnes débiles ou malades qui furent toutes guéries de leurs infirmités, et rendues à une santé parfaite, par la protection et l'assistance de la même Vierge. Si leurs noms ne se trouvent pas ici consignés, c'est parce que les registres qui renfermaient les détails de ces divers miracles ont été perdus pendant les guerres qui ont désolé le pays.

[1] Aujourd'hui nous avons Zegers-Cappel, Rubrouck, Merkeghem, Volkerinchove, Eringhem, Bissezeele et Broxeele qui continuent cette dévotion.

4.º Plusieurs personnes échappèrent miraculeusement au naufrage en recourant à sa puissante intercession. En effet, la tour de l'église [1] où la Vierge est honorée, s'aperçoit de loin dans la mer, et c'est à ce sanctuaire que viennent ordinairement accourir en foule les matelots de Dunkerque.

5.º Une multitude de femmes en danger de mort, par suite de couches laborieuses, se trouvèrent heureusement délivrées, en invoquant le nom de la Vierge de Bollezeele.

6.º Beaucoup de femmes stériles eurent le bonheur de devenir mères, en recourant à cette sainte Vierge, invoquée sous le titre de Notre-Dame de la Visitation.

7.º Enfin, l'an 1650, la ville de St.-Omer étant en proie aux horreurs de la peste, la mortalité exerçait surtout ses ravages dans le quartier du collége anglais. Les RR. PP. Jésuites, qui dirigeaient cette maison, mirent toute leur espérance dans la Vierge de Bollezeele, et tous furent délivrés du fléau. Pour reconnaître ce miracle, ils offrirent une lampe d'argent avec cette inscription :

A L'AUGUSTE VIERGE DE BOLLEZEELE QUI DÉLIVRE DE LA PESTE.

De plus, chaque année, ils viennent ici en pélerinage durant la neuvaine, et chantent une messe en musique avec la plus grande solennité : la guerre malheureusement les a forcés de suspendre le cours de leur dévotion ; ils continuent pourtant de visiter annuellement sa chapelle. Ils ont même offert depuis une châsse en argent renfermant des cheveux de la sainte Vierge avec un calice en argent où se lisent ces mots : « OFFERT PAR LE SÉMINAIRE ANGLAIS DE S.¹-OMER, A LA BIENHEUREUSE VIERGE DE BOLLEZEELE, L'AN DU SEIGNEUR. 1687. »

[1] A cette époque, la mer, qui avoisine ce pays, avait des limites plus rapprochées de Bollezeele.

(5.ᵉ *Jour.*) Cette Vierge avait acquis une telle célébrité dans toute la Flandre et le Brabant que la Sérénissime princesse Isabelle-Claire-Eugénie, Infante d'Espagne, épouse du prince Albert, entreprit d'y faire un pélerinage, dans l'espérance d'obtenir un héritier de ses états. Elle vint en personne de Bruxelles à Bollezeele, en 1621, se confessa, reçut la sainte communion et rendit publiquement ses hommages à la Vierge, la suppliant de lui obtenir un fils qui pût succéder au prince son époux. Elle fit à cette intention trois dons à sa chapelle. Le premier était des cheveux de la sainte Vierge qu'elle avait eus de la sainte Maison de Notre-Dame de Lorette. On les expose encore aujourd'hui sur l'autel de la Vierge, et ils ont été authentiqués l'an 1693, par M. Delieres, Doyen de l'église cathédrale de St.-Omer et Vicaire général du diocèse. Le second consistait dans une chaîne en or; elle a été enlevée dans le cours des guerres qui sont survenues. Pour troisième don, la Princesse offrit une chasuble travaillée de ses propres mains. On la conserve encore aujourd'hui dans l'église de Bollezeele. Pour perpétuer le souvenir de ces faits, l'on a fait deux chronogrammes latins dont voici la traduction [1].

1.ᵉʳ Isabelle-Claire, Infante d'Autriche, vous avez donné à Bollezeele, des cheveux de la Vierge Marie.

2.ᵉ La Sérénissime princesse de toute la Belgique, Isabelle-Claire, Infante d'Autriche, a communié dans ce lieu.

L'an de N. S. 1660, la noble dame Baronne d'Esquelbecque était depuis trois jours dans le travail de l'enfantement, sans pouvoir donner le jour à son enfant, sitôt qu'elle eut invoqué avec confiance l'auguste

---

[1] IsabeLLa-CLara, InfanS aUstriaCa, CrInes VIrgInIs MarIæ boLIzeeLe approprIastI.

serenIssIMa totIUs beLgII prInCeps IsabeLLa - CLara, Infans aUstrIaCa hIC pransIt.

Vierge, elle se vit heureusement délivrée. En témoignage de reconnaissance pour cette insigne grâce, elle offrit un *ex-voto* en argent massif, représentant le nouveau-né et vint depuis tous les ans en pèlerinage à Bollezeele saluer la Vierge sa libératrice.

(6.ᵉ *Jour.*) Le 16 Février 1685, mourut Charles II, roi d'Angleterre, d'Ecosse et d'Irlande, prince hérétique, ennemi de la vraie religion. Il eut pour successeur son frère Jacques II, très-bon catholique. Ce dernier fut proclamé roi des trois royaumes, le 3 de mai de la même année (1685) avec une magnificence extraordinaire.

Le roi Jacques n'avait eu que deux filles de sa première femme et elles avaient été élevées dans l'hérésie. L'aînée fut mariée à Guillaume, prince d'Orange, généralissime des armées hollandaises, et la seconde épousa un frère au roi de Danemarck.

Mais Jacques avait pris en secondes noces Marie-Thérèse, de l'illustre famille du duc de Modène, en Italie. C'était une princesse catholique et très-pieuse, d'un caractère noble et élevé. Elle fut couronnée reine d'Angleterre avec Jacques, son royal époux, l'année et le jour que nous venons de dire.

Ils avaient un vif désir d'introduire, ou plutôt de rétablir la foi catholique dans leur royaume. Ils n'ignoraient pas que le moyen le plus direct d'atteindre ce but, serait d'obtenir de Celui *par qui les rois règnent,* un fils qu'ils pussent élever dans la foi catholique. L'on fit à cette fin, par leurs ordres, des prières publiques et l'on institua des pratiques pieuses presque par toute l'Eglise catholique. Les RR. Pères de la Compagnie de Jésus, qui dirigeaient la conscience des personnes qui composaient la cour de ce Prince, mirent tout en œuvre pour la réussite de cette affaire.

Comme ils savaient que la sainte Vierge se faisait

depuis longtemps connaître dans la paroisse de Bollezeele par d'éclatants miracles, et qu'un grand nombre de femmes stériles avaient eu le bonheur de devenir mères, en allant à ce sanctuaire honorer le mystère de la Visitation, ils en firent part à la reine d'Angleterre. La princesse, à l'imitation d'Anne, mère de Samuël, autrefois, comme elle, privée d'enfants, ne cessait d'adresser de ferventes prières au Seigneur pour obtenir un fils. A cette fin, tous les dimanches et fêtes l'on chantait publiquement les litanies de Notre-Dame de Lorette, et chaque samedi se disaient plusieurs messes à l'autel de la Vierge de Bollezeele. Ces pratiques de dévotion furent continuées tout le cours de l'année 1687 jusqu'au 20 Mai 1688. Ce jour-là même la reine mit au monde le prince de Galles, comme un autre Samuël. Elle accoucha non-seulement sans péril ni douleur, mais encore son âme fut inondée d'une joie indicible. Aussi tous ceux qui furent témoins de son bonheur, regardèrent cet enfant comme un don du ciel. Cette heureuse naissance fut pour les princes catholiques de l'Europe le sujet d'une immense joie. Il n'en fut pas de même des hérétiques, ils voyaient là leur prétendue réforme menacée d'une chute prochaine.

(7.e *Jour*.) Mais, ô secrets impénétrables de Dieu [1]! la joie des catholiques ne tarda pas à se changer en tristesse; car sitôt que cet évènement fut officiellement connu en Angleterre, tous les grands seigneurs du royaume, d'accord avec les évêques anglicans (hérétiques), s'apercevant que le roi cherchait à éliminer les nouvelles erreurs et à rétablir la foi catholique, prirent le parti

---

[1] Ce n'est pas la seule fois qu'on a vu les grâces les plus insignes taries dans leur source par les crimes des grands et l'infidélité des peuples.

d'appeler à leur secours le prince d'Orange. Celui-ci ne tarda pas à paraître en Angleterre à la tête d'une puissante armée. Dès que les Anglais virent le prince d'Orange, les principaux chefs avec leurs soldats abandonnèrent leur roi et se réfugièrent dans le camp ennemi. Ce malheureux prince, se voyant trahi et délaissé, songea à sa propre sûreté et s'enfuit le jour suivant. Mais il fit prendre les devants à la reine et au jeune prince. La princesse passa la mer pendant la nuit avec son fils et vint en France, échappant ainsi aux mains des Anglais. Le roi Jacques fut moins heureux, tandis qu'il s'occupait de mettre, de son côté, ses jours en sûreté, il fut pris et confiné dans un château-fort, comme prisonnier. Cependant la Providence lui vint en aide, et grâce au secours d'un pieux et bon catholique, il parvint à s'évader et vint en France rejoindre sa famille. Il y reçut la plus généreuse hospitalité de la part du roi Louis XIV. Tous ces évènements se passèrent vers la fin de l'an 1688. Ce fut un grand malheur pour l'Europe et pour toute l'Eglise romaine.

Si cette religieuse princesse était restée en Angleterre, elle aurait fait à la Vierge de Bollezeele une offrande de plus de six mille florins. Je tiens ce fait des RR. Pères de la Compagnie de Jésus du collége anglais, qui l'avaient appris de la bouche même de la reine.

On nous a également assuré que le roi avait promis de fonder dans la paroisse de Bollezeele une église collégiale avec un doyen et douze chanoines pour la desservir, si Dieu daignait lui rendre, à lui ou à sa postérité, le royaume d'Angleterre, dont on l'avait si injustement dépouillé.

Le roi et la reine montrèrent toujours un grand courage dans leur exil, et continuèrent de mettre leur affection et leur confiance dans la divine Vierge.

Aussi, l'an 1692, ils envoyèrent vingt florins pour faire célébrer deux messes solennelles, l'une à la très-sainte Trinité, et l'autre en l'honneur de la sainte Vierge : nous les avons chantées toutes deux à l'autel de la Vierge de Bollezeele.

De même, l'an 1693, ils envoyèrent dix pistoles, ou sous d'or de Paris, au curé de Bollezeele, afin qu'il dit en personne la messe chaque jour de la neuvaine à l'autel de la divine Vierge, à l'intention de la reine.

(8.ᵉ *Jour.*) L'an de Notre-Seigneur 1693 furent accordées des indulgences plénières, en faveur de tous ceux qui visiteraient dévotement la chapelle de la sainte Vierge de Bollezeele, comme on peut le voir dans la Bulle qui se trouve dans les archives de l'église paroissiale, commençant par ces mots :

Le pape Innocent XII à tous les fidèles catholiques...

La même année 1693, les cheveux de la divine Vierge Marie, qu'on garde dans l'église de Bollezeele, furent reconnus authentiques par un acte officiel dont voici la teneur :

Nous, Jacques Delieres, Doyen de l'église cathédrale et Vicaire général, le siége vacant, à tous ceux qui ces présentes verront salut en Notre-Seigneur.

Nous attestons que le jour, où sont datées les présentes, il nous a été exhibé de la part de M. Jean-Baptiste Decoster, Curé-Doyen de la paroisse de Bollezeele, un reliquaire en argent, dans lequel nous avons trouvé des cheveux de la Bienheureuse Vierge Marie, donnés à ladite église paroissiale par la sérénissime princesse Isabelle-Claire-Eugénie, infante d'Espagne, lesquels nous déclarons authentiques et permettons par les présentes de les exposer à la vénération des fidèles dans cette même église paroissiale de Bollezeele.

En foi de quoi nous avons fait munir lesdits cheveux du sceau de notre Vicariat et de la signature de notre Secrétaire.

Donné à St.-Omer le 17 de Janvier de l'an de Notre-Seigneur 1693 [1].

Par mandement de l'illustrissime et révérendissime susdit Vicaire-général,

(*conforme à l'original*)

Était signé, DELARRE, *Secrétaire*.

―――

Pour compléter cette notice, nous ajouterons quelques notes prises du même registre, qui fournissent aussi un argument en faveur des reliques de la sainte Vierge.

―――

Cette même année, l'église de Bollezeele reçut en don des reliques de la Ste. Croix de N. S. J. C. des mains du R. Père Jean Clare, Provincial de la Compagnie de Jésus en Angleterre, comme il conste par les lettres qui suivent.

Je soussigné, provincial de la Compagnie de Jésus en Angleterre, certifie qu'en ce reliquaire sont renfermées des parcelles du bois de la Ste. Croix de N. S. J. C., collées en forme de croix sur de la soie rouge, et munies de notre sceau, offertes au vénérable Pasteur de Bollezeele M. Decoster, comme signe de reconnaissance que je lui dois pour des cheveux de la Bienheureuse Vierge Marie qu'il m'a donnés et qui m'ont servi à satisfaire à la demande de notre sérénissime Reine,

Mgr. Giraud, notre Archevêque, les a de nouveau authentiquées le 20 Décembre 1844.

***

qui désirait ardemment ce précieux gage de dévotion. Je certifie en outre que lesdites particules de la vraie Croix sont d'entre celles mêmes que nous exposons à Watten à la vénération publique.

Donné à Watten le 20 Mai 1693 [1].

était signé, JEAN CLARE.

L'année 1693, fut érigé un nouveau Maître-Autel, qui coûta sept cents florins.

En 1694, la dévotion diminua notablement à cause de la guerre dont la Flandre devint le théâtre. Il n'arriva cette année aucun autre événement qui mérite d'être ici relaté. Toutes ces choses ont été annotées par le soin et la vigilance de

J.-B. DECOSTER,
Curé de Bollezeele,
l'an 1694.

---

[1] Les parcelles de la Ste. Croix dont il est ici question ne se retrouvent plus. Celles que l'église possède lui ont été données par l'abbesse de Ravensbergh.

POUR SERVIR DE MONUMENT A LA POSTÉRITÉ.

(9.ᵉ *Jour.*) Jusqu'ici c'est le vénérable M. Decoster, décédé Curé de Bollezeele en 1697, qui a raconté les grandeurs de Marie dans son sanctuaire chéri. Nous n'avons fait que répéter les merveilles que cette bonne Mère a opérées, et que, par un sentiment de reconnaissance, le pieux Curé a voulu consigner pour en faire passer la mémoire aux générations futures. Depuis cette époque les choses ont bien changé : la révolution a passé aussi par Bollezeele avec son génie destructeur, et un des premiers maux qu'elle y a causés, ç'a été de faire disparaître le bref du saint Pontife qui accordait des indulgences plénières aux pieux pélerins qui visitaient la chapelle de Notre-Dame. Elle eût peut-être voulu davantage, elle eût voulu anéantir la confiance des fidèles en Celle qu'ils regardaient comme leur consolatrice, mais ici elle a été impuissante, car, malgré les dix années d'impiété et de schisme, aussitôt que le culte religieux fut rétabli, on vit le pieux pélerinage de Bollezeele reprendre son cours. Il n'y a pas de doute que cette dévotion n'ait été payée d'une infinité de faveurs spirituelles ; cependant le peuple regrettait encore cet autre avantage que le pape Innocent XII avait accordé : il redemandait instamment les indulgences dont leurs pères avaient joui. Aussi le Curé de la paroisse s'est-il empressé de recourir à Rome, suppliant Sa Sainteté Grégoire XVI de ne pas être moins généreux que son prédécesseur Innocent, c'est ce qu'il a obtenu, comme on le voit par la pièce suivante dont l'original se conserve dans nos archives.

TRADUCTION DU RESCRIT APOSTOLIQUE

En date du 30 Mai 1845,

ACCORDANT PLUSIEURS INDULGENCES EN FAVEUR DU PÈLERINAGE DE N.-D. DE LA VISITATION.

Audience du très-saint Père.

Sa Sainteté le pape Grégoire XVI a daigné accorder à tous les fidèles de l'un et de l'autre sexe qui, vraiment pénitents, confessés et communiés, visiteront l'église paroissiale de Bollezeele, à la fête de la Visitation de la bienheureuse Vierge Marie, ou à l'un des jours de son octave, et y prieront quelque temps, selon les intentions du souverain pontife, une indulgence plénière qu'ils pourront gagner une fois seulement durant cette même octave, à partir des premières Vêpres de la fête, jusqu'au coucher du soleil du jour suivant. Il a accordé en outre cent jours d'indulgences pour chaque jour de l'année en faveur de tous ceux qui visiteront dévotement et avec un cœur contrit ladite église, y récitant au moins sept fois la *Salutation angélique*, selon les intentions de Sa Sainteté.

Les présentes sont valables à perpétuité sans expédition de bref, et les susdites indulgences sont applicables aux fidèles défunts.

Donné à Rome le 30 Mai 1845.

Visé à Cambrai le 16 Juin 1845.

NEUVAINE

A NOTRE-DAME DE LA VISITATION.

Cette neuvaine se composera d'une lecture prise dans le texte imprimé, de la récitation des litanies de N.-D. de la Visitation, et d'une prière à son choix parmi celles qui se trouvent à la fin de cet imprimé.

I.
LECTURES.

Lecture du 1.er jour. De la 3.e page à la page 6.
  Explications de la doctrine sur les pélerinages.
— du 2.e jour. De la page 6 à la page 9.
  Doctrine du Conc. de Trente sur le culte des images.
— du 3.e jour. De la page 9 à la page 10.
  Ancienneté du pélerinage, et miracles de N.-D. de Bollezeele.
— du 4.e jour. De la 10.e page à la page 12.
  Autres miracles.
— du 5.e jour. De la 12.e page à la page 13.
  Histoire de la princesse Isabelle, etc.
— du 6.e jour. De la 13.e page à la page 14.
  Histoire de Jacques II, roi d'Angleterre.
— du 7.e jour. De la 14.e page à la page 16.
  Constance de Jacques pendant ses malheurs.
— du 8.e jour. De la 16.e page à la page 19.
  Authentiques des reliques de la Ste. Vierge.
— du 9.e jour. De la 19.e page à la fin.
  Indulgences à gagner dans l'église de Bollezeele.

II.
LITANIES
DE NOTRE-DAME DE LA VISITATION.

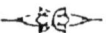

Seigneur, ayez pitié de nous.
Jésus-Christ, ayez pitié de nous.
Seigneur, ayez pitié de nous.
Jésus-Christ, écoutez-nous.
Jésus-Christ, exaucez-nous.
Père céleste, qui êtes Dieu, ayez pitié de nous.
Fils, Rédempteur du monde, qui êtes Dieu, ayez pitié de nous,
Esprit-Saint, qui êtes Dieu, ayez pitié de nous.
Trinité sainte, un seul Dieu, ayez pitié de nous.
Sainte Marie, priez pour nous.
Sainte Mère de Dieu, priez pour nous.
Sainte Vierge des vierges, priez pour nous.
Notre-Dame de la Visitation, priez pour nous.
Notre-Dame, enceinte de Jésus en demeurant Vierge, priez pour nous.
N.-D. qui avez franchi les montagnes de la Judée, en grande hâte, poussée par une tendre charité, p. p. n.
N.-D. qui avez salué la première votre parente Elisabeth, priez pour nous.
N.-D. qui l'avez prévenue par votre visite, des bénédictions du ciel, priez pour nous.
N.-D. dont la voix a fait tressaillir d'une sainte allégresse, l'enfant qu'elle portait dans son sein, p. p. n.
N.-D. dont la présence a rempli de grâces toute la maison de Zacharie, priez pour nous.

N.-D. qui avez porté pendant neuf mois Jésus dans vos chastes entrailles, et l'avez mis au jour sans douleur, priez pour nous.

N.-D. qui rendez fécondes les épouses stériles, p. p. n.

N.-D. qui donnez des héritiers aux maisons royales, pour perpétuer la foi dans leurs royaumes, p. p. n.

N.-D. qui sauvez de la peste et des maladies contagieuses, priez pour nous.

N.-D. qui éteignez les fureurs de la guerre et de la discorde, priez pour nous.

N.-D. qui protégez, comme une étoile bienfaisante, ceux qui voyagent sur mer au milieu des périls et des tempêtes, priez pour nous.

N.-D. visitée par les princes et les têtes couronnées, pour la prospérité de leurs états, priez pour nous.

N.-D. célèbre par vos miracles et le concours de vos pèlerins, priez pour nous.

N.-D. spécialement honorée et invoquée dans ce sanctuaire, priez pour nous.

Agneau de Dieu, qui effacez les péchés du monde, écoutez-nous.

Agneau de Dieu, qui effacez les péchés du monde, exaucez-nous.

Agneau de Dieu, qui effacez les péchés du monde, ayez pitié de nous.

℣. Priez pour nous, N.-D. de la Visitation.

℟. Afin que J.-C. votre Fils exauce nos prières.

PRIONS.

Jésus-Christ, Notre-Seigneur, Dieu éternel, qui avez choisi dans le temps la bienheureuse Vierge Marie, pour être votre Mère, et qui êtes demeuré neuf mois entiers dans son chaste sein, voulant par elle combler de grâces le genre humain, et le délivrer de ses maux ; accueillez favorablement ma prière, et accordez-moi, en considération de celle qui vous a tant aimé, la grâce spéciale que je viens solliciter aujourd'hui auprès de vous par sa puissante intercession, et que je puisse revenir dans ce sanctuaire vous offrir une hostie de louange et d'action de grâces. Vous qui, étant Dieu, vivez et régnez avec Dieu le Père, en union du Saint-Esprit dans les siècles des siècles. Ainsi soit-il.

III.

PRIÈRES.

ORAISON COMMUNE

A TOUS LES JOURS.

Souvenez-vous, ô très-pieuse Vierge Marie, qu'on n'a jamais appris qu'aucun de ceux qui ont eu recours à votre protection, imploré votre secours et demandé vos suffrages, ait été abandonné. Animé d'une pareille confiance, ô Vierge Mère des vierges, je cours et viens à vous, et gémissant sous le poids de mes péchés, je me prosterne à vos pieds, ô Mère de Jésus! ne méprisez pas mes prières, mais recevez-les favorablement et daignez les exaucer.

PREMIER JOUR.

ORAISON.

O Dieu qui signalez particulièrement votre puissance en pardonnant aux pécheurs et en soulageant les misérables; faites-nous ressentir de plus en plus les effets de votre miséricorde; afin que nous ayant fait courir sur la terre vers ces biens ineffables, que vous nous avez promis, vous nous en fassiez jouir éternellement. Par Notre-Seigneur Jésus-Christ.

PRIÈRE A LA SAINTE VIERGE.

O Mère de mon Dieu, ô Marie, de même qu'un pauvre mendiant se présente à une grande souveraine, ainsi je me présente à vous, qui êtes la Reine du ciel et de la terre. Du haut de votre trône, ne dédaignez pas, je vous prie, de tourner vos yeux vers un malheureux. Dieu vous a faite si riche pour secourir les pauvres, il vous a établie Reine de miséricorde pour soulager ceux qui souffrent. Regardez-moi donc et prenez pitié de moi. Regardez-moi et ne m'abandonnez pas, que d'un pécheur vous n'ayez fait un saint. Je sais que je ne mérite rien sinon d'être privé, à cause de mon ingratitude, de toutes les grâces que j'ai reçues du Seigneur par votre entremise. Mais pour vous, qui êtes la Reine de miséricorde, ce sont moins les mérites que les misères que vous cherchez, afin de secourir les nécessiteux. Or, qui est plus pauvre, plus nécessiteux que moi?

O Vierge sublime, je sais qu'étant Reine de l'univers, vous êtes par conséquent ma Reine ; mais je veux plus spécialement me consacrer à votre service, pour que vous disposiez de moi à votre gré. Je vous répète donc avec saint Bonaventure : Gouvernez-moi, ô ma Reine, et ne m'abandonnez pas à moi-même. Commandez-moi, disposez de moi à votre gré ; châtiez-moi aussi, si je vous désobéis ; les châtiments qui me viendront de votre main ne me seront que salutaires. J'aime mieux être votre serviteur que le maître du monde. Acceptez-moi pour vôtre, ô Marie, et, comme vôtre, pensez à mon salut. Je ne veux plus être à moi, c'est à vous que je me donne : si je vous ai mal servi dans le passé, négligeant tant de belles occasions de vous honorer, à l'avenir je m'unirai à vos serviteurs les plus aimants et les plus fidèles. Non, je veux que personne dorénavant ne vous honore et ne vous aime plus que moi, ô ma très-aimable Reine. Ce que je promets, j'espère l'accomplir, moyennant votre secours. Ainsi soit-il.

DEUXIÈME JOUR.

ORAISON.

O Dieu qui en rendant féconde la virginité de la bienheureuse Vierge Marie, avez assuré au genre humain les récompenses du salut éternel, nous vous prions de nous faire éprouver, dans nos besoins, combien est puissante auprès de vous l'intercession de celle par laquelle nous avons reçu l'auteur de la vie, Jésus-Christ, votre Fils, qui vit, etc.

PRIÈRE A LA SAINTE VIERGE.

O vous, Reine du ciel et de la terre, ne nous oubliez pas, nous vos pauvres serviteurs. Ne dédaignez pas, du haut du trône sublime où vous régnez, de tourner vos yeux miséricordieux vers des misérables. Plus vous êtes proche de la source des grâces, plus il vous est facile de nous secourir. Au ciel vous apercevez mieux nos misères ; il faut donc que vous y compatissiez et que vous nous prêtiez secours. Faites que nous persévérions à vous servir fidèlement, afin de pouvoir vous bénir en paradis. En ce jour, nous nous consacrons à votre service. Faites-nous partager votre allégresse, en nous acceptant pour vos serviteurs. Vous êtes notre Mère. Ah! Mère très-douce, Mère très-aimable, vos autels sont environnés de solliciteurs qui vous demandent, l'un d'être guéri de quelque mal, l'autre d'être assisté dans ses besoins, celui-ci une bonne récolte, celui-là le gain d'un procès. Nous vous demandons des grâces plus agréables à votre cœur : obtenez-nous d'être humbles, détachés de la terre, résignés à la volonté divine ; obtenez-nous la sainte crainte de Dieu, une bonne mort, le paradis. Ma Souveraine, de pécheurs que nous sommes, changez-nous en saints ; faites ce miracle qui vous honorera plus que si vous rendiez la vue à mille aveugles et que si vous ressuscitiez mille morts ; vous êtes si puissante auprès de Dieu, en un mot, vous êtes sa mère, sa bien-aimée, celle qu'il a remplie de sa grâce; que peut-il vous refuser? Reine admirable, nous ne prétendons pas vous voir sur la terre, mais nous voulons aller vous contempler en paradis; c'est à vous de nous en obtenir l'entrée. Nous l'espérons avec confiance. Ainsi soit-il.

TROISIÈME JOUR.

ORAISON.

Seigneur, accordez, s'il vous plaît, à vos serviteurs le don de votre grâce céleste, afin que comme ils ont reçu le commencement de leur salut dans l'enfantement de la bienheureuse Vierge, ils reçoivent, dans la solennité de sa Visitation, un accroissement de consolation et de paix. Par N.-S. J.-C. Ainsi soit-il.

PRIÈRE A LA SAINTE VIERGE.

O Marie, sitôt qu'on a prononcé votre nom, on sent l'amour et la confiance naître dans son cœur. Vous êtes en effet en possession, depuis tant de siècles, d'opérer des prodiges sans nombre pour rendre vos enfants heureux, et ici en particulier tout parle de votre bonté et de votre puissance. Que de malades guéris, que de fléaux écartés, surtout que d'âmes arrachées au pouvoir tyrannique du démon rendent parmi nous témoignage à cette consolante vérité, que jamais personne ne vous a invoquée, sans être exaucé. Serais-je seul exclu de vos faveurs, ô Reine des miséricordes et mère de la grâce! Moi aussi, je suis votre enfant, et, après Dieu, je mets en vous toute mon espérance. Par l'amour que vous portez à Jésus et aux hommes en vue de lui, par la tendresse toute maternelle que vous avez manifestée depuis longtemps pour Bollezeele, ce lieu toujours si cher à votre cœur, obtenez-moi de votre Fils la grâce de........ Vierge auguste, ô ma Mère, je m'efforcerai de faire valoir cette grâce pour mon salut. Je vous la demande par les mérites de J.-C. N.-S. Ainsi soit-il.

QUATRIÈME JOUR.

ORAISON.

O Dieu dont la providence ne se trompe pas dans sa conduite, nous vous supplions de détourner de nous tout ce qui peut nuire, et de nous accorder tout ce qui doit être utile. Par N.-S. J.-C.

PRIÈRE A LA SAINTE VIERGE.

Je vous salue, ô pleine de grâces, le Seigneur est avec vous. Je vous salue, instrument de notre bonheur, par qui la sentence de notre condamnation a été révoquée et changée en un jugement de bénédiction. Je vous salue, ô temple de la gloire de Dieu, maison sacrée du roi des cieux. Vous êtes la réconciliation de Dieu avec les hommes. Je vous salue, ô mère de notre allégresse. En vérité vous êtes bénie, puisque seule entre toutes les femmes vous avez été trouvée digne d'être la Mère de votre Créateur. Toutes les nations vous appellent bienheureuse. O Marie, si je mets ma confiance en vous, je serai sauvé; si je suis sous votre protection, je n'ai rien à craindre, car être votre serviteur, c'est avoir des armes efficaces de salut, que Dieu n'accorde qu'à ceux qu'il veut sauver.

O Mère de miséricorde, apaisez votre Fils. Lorsque vous étiez sur la terre, vous n'en occupiez qu'une bien petite partie; mais, maintenant que vous êtes élevée au plus haut des cieux, tout le monde vous considère comme le propitiatoire commun de toutes les nations. Nous vous supplions donc, ô Vierge sainte, de nous accorder le secours de vos prières auprès de Dieu :

prières plus chères et plus précieuses que tous les trésors de la terre ; prières qui rendent Dieu propice à nos péchés et nous obtiennent une grande abondance de grâces pour recevoir le pardon et pratiquer la vertu ; prières qui arrêtent nos ennemis, confondent leurs desseins, et triomphent de leurs efforts. Ainsi soit-il.

CINQUIÈME JOUR.

ORAISON.

Ouvrez, s'il vous plaît, Seigneur, les oreilles de votre miséricorde à ceux qui l'implorent, et afin que vous leur accordiez ce qu'ils vous demandent, faites qu'ils ne vous demandent que ce qui vous est agréable. Par N.-S. J.-C.

PRIÈRE A LA SAINTE VIERGE.

Vierge immaculée, et bénie, puisque vous êtes la dispensatrice universelle de toutes les grâces divines, vous êtes donc l'espérance de tous et la mienne. Je remercie toujours le Seigneur qui m'a fait la faveur de vous connaître, et de connaître par là le moyen que je dois prendre pour obtenir les grâces et pour me sauver. Ce moyen, c'est vous, ô puissante Mère de Dieu ! car je sais que c'est d'abord par les mérites de Jésus-Christ et ensuite par votre intercession que je dois me sauver. Ah ! ma Reine, qui avez mis tant de diligence à visiter et à sanctifier par votre présence la maison d'Elisabeth, daignez visiter, mais visiter promptement, ma pauvre âme. Faites diligence ; vous savez mieux que moi combien elle est indigente, affligée de plusieurs maux, d'affections déréglées, d'habitudes pernicieuses, de péchés commis ; maux contagieux qui la conduiraient à la mort éternelle. Vous pouvez l'enrichir, ô Trésorière de Dieu ! et vous pouvez la guérir de toutes ses infirmités. Visitez-moi donc pendant ma vie ; visitez-moi surtout à l'heure de la mort, parce qu'alors votre assistance me sera plus nécessaire. Je ne prétends pas et je ne suis pas digne que vous me visitiez sur la terre par votre présence visible, comme vous avez visité tant de vos serviteurs, mais qui n'étaient pas si indignes et si ingrats que moi, je borne mon désir à vous voir un jour face à face régnant dans le ciel, pour vous aimer davantage et vous remercier de tout le bien que vous m'avez fait. A présent, je ne vous demande que de me visiter par votre miséricorde, il me suffit que vous priiez pour moi. Ainsi soit-il.

SIXIÈME JOUR.

ORAISON.

Accordez à vos serviteurs, Seigneur, le secours de votre grâce, pour qu'ils puissent jouir d'une continuelle santé de corps et d'âme, et que par l'intercession de la bienheureuse Marie toujours Vierge, ils puissent être délivrés du danger présent et posséder une éternelle félicité. Par N.-S. J.-C.

PRIÈRE A LA SAINTE VIERGE.

Voici, ô Mère de Dieu, prosterné à vos pieds un misérable qui recourt à vous; et qui met en vous toute sa confiance. Je ne mérite pas même un seul de vos regards, mais je sais que, depuis que vous avez vu votre Fils donner sa vie pour les hommes, vous souhaitez ardemment de le secourir. O Mère de miséricorde, considérez ma misère, et prenez pitié de moi; je vous entends appeler partout la consolatrice des affligés, l'espérance des malheureux, l'aide de ceux qui sont abandonnés. Soyez donc ma consolation, mon espérance et mon aide; c'est à vous à me sauver par votre intercession. Pour l'amour de Jésus-Christ, secourez-moi; tendez une main secourable à un infortuné qui se recommande à vous pour que vous l'aidiez. Je sais que, lorsque cela est possible, vous vous plaisez à venir au secours des mortels : aidez-moi donc maintenant que vous le pouvez. C'est Dieu qui m'envoie vers vous, afin que vous m'assistiez ; il veut que j'aie recours à votre miséricorde, afin que je sois aidé, nonseulement par les mérites de votre Fils, mais encore par vos prières. Eh bien ! j'ai recours à vous, priez pour moi votre divin Fils, et manifestez tout le bien que vous faites à ceux qui se confient en vous. J'ose espérer que je serai exaucé. Ainsi soit-il.

SEPTIÈME JOUR.

ORAISON.

O Dieu, qui êtes le protecteur de ceux qui espèrent en vous, et sans lequel il n'y a rien dans l'homme ni de ferme, ni de saint ; faites-nous ressentir de plus en plus les effets de votre miséricorde, afin que vous ayant toujours pour conducteur et pour guide, nous passions de telle sorte par les biens temporels et périssables, que nous ne perdions pas les éternels. Par N.-S. J.-C.

PRIÈRE A LA SAINTE VIERGE.

O Mère de miséricorde! puisque vous êtes si bonne, et que vous avez un grand désir de soulager nos misères et de satisfaire à nos demandes, moi, le plus misérable de tous les hommes, j'ai recours à votre compassion pour que vous m'accordiez ce que je sollicite. Ce n'est ni la santé du corps, ni les biens et les avantages de la terre que je vous demande, ô ma Souveraine! mais les choses mêmes que vous désirez de moi, des choses plus conformes et agréables à votre cœur. Vous êtes si humble, obtenez-moi l'humilité et l'amour des mépris. Vous fûtes si patiente dans les traverses de votre vie ; obtenez-moi la patience dans l'adversité. Vous fûtes toute charité pour le prochain ; obtenez-moi la charité envers tout le monde, et particulièrement envers mes ennemis. Vous fûtes toujours unie à la volonté de Dieu ; obtenez-moi une parfaite conformité à tout ce que Dieu disposera à mon égard. Vous êtes, en un mot, la plus sainte de toutes les créatures ; ô Marie, faites que je devienne saint. Ce n'est pas l'amour qui vous manque, et vous pouvez tout. Vous ne demandez pas mieux que de tout m'obtenir. La seule chose qui puisse m'empêcher de recevoir vos grâces, c'est ma négligence à vous invoquer, ou mon peu de confiance en votre intercession ; obtenez-moi l'exactitude à vous implorer et la confiance en vos prières. Ce sont là les deux grâces que je vous demande par-dessus tout, que j'attends et que j'espère de vous, ô Marie ! Marie, ma Mère, mon espérance, mon amour, ma vie, mon refuge et ma consolation. Ainsi soit-il.

HUITIÈME JOUR.

ORAISON.

Conservez votre Eglise, Seigneur, par une assistance continuelle de votre miséricorde ; et parce que l'homme est si faible, qu'il tombe à chaque pas, si vous ne le soutenez, que votre divin secours le retire sans cesse de tout ce qui peut lui nuire, et le porte vers tout ce qui peut lui servir pour son salut. Par J.-C. N.-S.

PRIÈRE A LA SAINTE VIERGE.

O Reine du paradis, qui, placée au-dessus de tous les chœurs des anges, êtes la plus proche du trône de Dieu ; du fond de cette vallée de misère j'ose vous offrir mes humbles hommages, et vous supplier de daigner jeter sur moi un regard de compassion. Considérez, ô Marie, au milieu de combien de dangers je suis maintenant, et je serai, tant que je vivrai, sans cesse exposé à perdre Dieu, mon âme et le ciel; c'est en vous que j'ai mis toute mon espérance, je vous aime, et je soupire après le moment où je pourrai vous voir et vous bénir dans le paradis. Ah! quand viendra ce jour, où, assuré de mon salut éternel, je me verrai à vos pieds? Quand est-ce que je baiserai la main de celle qui a répandu sur moi tant de bienfaits? Il est vrai, ô ma tendre Mère, que pendant ma vie j'ai été très-ingrat envers vous; mais si je parviens au ciel, alors je ne serai plus ingrat; je vous aimerai sans interruption pendant toute l'éternité, et je réparerai mon ingratitude passée par mes louanges et mes actions de grâces continuelles. Je remercie le Seigneur de ce qu'il me donne cette confiance dans les mérites de Jésus-Christ, et dans votre puissante intercession. Vos véritables serviteurs ont espéré tous ces biens, et aucun d'eux n'a été trompé dans son espoir. Je ne le serai pas non plus. O Marie! priez votre Fils, par les mérites de sa passion (comme je le fais aussi de mon côté) de vouloir bien confirmer sans cesse cette espérance en moi. Ainsi soit-il.

NEUVIÈME JOUR.

ORAISON.

Pardonnez, Seigneur, les offenses de votre peuple; afin que votre grâce nous délivre des liens du péché, dans lequel nous sommes engagés par un effet de la fragilité de notre nature. Nous vous en prions par N.-S. J.-C.

PRIÈRE A LA SAINTE VIERGE.

O très-sainte Vierge, Mère de Dieu, refuge des pécheurs, faites que je ressente pleinement le secours de votre protection, et les effets de votre cœur tendre et miséricordieux dans la nécessité où je me trouve; j'invoque votre saint nom, afin qu'il vous plaise m'obtenir, de votre très-aimable Fils, une foi vive, une espérance ferme, une ardente charité, une sincère contrition de mes péchés, une source de saintes larmes, la grâce d'une bonne confession, une digne et suffisante satisfaction, une vigilance active sur moi pour l'avenir, un véritable mépris du monde, une imitation fidèle de notre divin Sauveur, un parfait accomplissement des promesses de mon baptême, l'horreur du péché, et la persévérance dans le bien. Ainsi soit-il.

O Vierge, très-sainte Mère de Dieu, je vous supplie très-humblement de m'obtenir de votre cher Fils une entière connaissance de sa sainte volonté, la grâce de ne jamais l'offenser mortellement, de vivre et de mourir dans sa crainte et dans son amour, d'être préservé de mort subite, et faites, ô Vierge souveraine, que je ne parte point de ce monde sans être en sa grâce, et sans recevoir les saints sacrements, je vous en supplie de toutes les affections de mon cœur.

Bienheureuse Reine du ciel, et mon Avocate, je désire que toutes les créatures vous reconnaissent pour la médiatrice des pécheurs et le refuge des affligés; c'est dans cette confiance que je vous conjure de m'assister maintenant et à l'heure de ma mort. Ainsi soit-il.

PRIÈRE D'UNE MÈRE

PENDANT LES PEINES ET LES DANGERS QUI PRÉCÈDENT LA NAISSANCE DE SON ENFANT.

Mon Dieu, qui avez préparé votre servante à devenir coopératrice de votre adorable providence, par la naissance d'une créature capable de vous connaître, de vous servir et de vous aimer, achevez, je vous prie, votre ouvrage. Gardez-moi, Seigneur, de l'esprit de mondanité et de l'amour désordonné du plaisir. Préservez-moi de toute imprudence, et de tout fâcheux accident; protégez aussi mon enfant, en écartant de lui tout ce qui pourrait compromettre son existence, ou même sa santé. Daignez le conserver et le bénir, et ne permettez pas que mes péchés l'empêchent de venir à un terme heureux; mais plutôt, ô mon Dieu, faites-lui la grâce inappréciable de vous être consacré par le Baptême, sans lequel il n'aurait jamais le bonheur de vous contempler dans le ciel. Puisse-t-il ensuite garder fidèlement les promesses qui seront faites en son nom sur les fonts sacrés, et se montrer toute sa vie un véritable enfant de l'Eglise catholique.

Et vous, Vierge sainte, soyez mon appui et mon avocate auprès de Jésus, votre divin Fils. Vous êtes le modèle des mères, vous êtes aussi leur espérance et leur consolatrice. Ayez donc pitié d'une pauvre mère qui est sous l'anathème porté contre la première femme, et dès-lors destinée à enfanter avec douleur et péril. Que désiré-je, ô Marie, si ce n'est de mettre au monde un enfant qui glorifie le Seigneur de toutes son âme, et qui ait pour vous la dévotion la plus tendre. Je vous l'offre, dès-à-présent, en toute confiance, vous conjurant de le regarder déjà comme votre enfant adoptif. Vierge sainte, on ne saurait périr en vous servant avec fidélité; je veux être à vous avec tous ceux qui me sont chers, afin que vous nous introduisiez un jour dans la céleste patrie.

Cœur sacré de Jésus, ayez pitié de nous.
Très-saint et immaculé Cœur de Marie, priez pour n.

FIN.

— Lille, imp. de L. Lefort. 1846. —

www.ingramcontent.com/pod-product-compliance
Lightning Source LLC
Chambersburg PA
CBHW061015050426
42453CB00009B/1455